알파벳 기본부터 응용 단어 문장 쓰기

영어 알파벳 펜글씨 쓰기

Alphabet

펜글씨 쓰기 연구회

가나북스

CONTENTS ··· 목차

영어 알파벳 펜글씨 쓰기는 영어를 처음 접하시는 분들이나 영어 기초를 입문하시는 분, 또한 다문화 가족들에게도 유익한 쓰기공부 교재 입니다.

영어 알파벳의 기본인 대문자 쓰기에서 소문자 쓰기를 반복해서 쓰고 익힘으로 체계적으로 영어를 시작하실 수 있습니다.

더 나아가 기본 단어와 문장쓰기를 응용함으로 점점 자신감 있게 영어를 시작할 수 있도록 하는 영어 기초 입문서 입니다.

뿐만 아니라, '세계의 인류는 하나다'라는 인식과 함께 글로벌 영재를 길러내기 위하여 세계 주요 나라의 국기와 세계지도 퍼즐을 랜덤으로 제공하여 학습의 흥미를 갖게 하여 주었습니다.

알파벳으로 시작되는 영어의 첫 디딤돌을 이 교재를 통해 시작하시기를 권해 드립니다.

A ··· 대문자 · 소문자 · 시작하는 단어를 블록체로 써보세요.

알파벳 소리	발음 기호	알파벳 제대로 읽기 TIP
에이	ei	[에]는 강하게 [이]는 가볍게 붙여서 발음한다.

대 문 자

A A A A A

소 문 자

a a a a a

A로 시작하는 단어	Ant 개미	Arm 팔	Apple 사과

Ant Ant

Arm Arm

Apple Apple

B ··· 대문자 · 소문자 · 시작하는 단어를 블록체로 써보세요.

알파벳 소리	발음 기호	알파벳 제대로 읽기 TIP
비-	bi:	두 입술을 가볍게 붙였다 떼면서 길게 발음한다.

대 문 자

B B B B B

소 문 자

b b b b b

B로 시작하는 단어	Bee 벌	Book 책	Brown 갈색

Bee Bee

Book Book

Brown Brown

C ··· 대문자 · 소문자 · 시작하는 단어를 블록체로 써보세요.

알파벳 소리	발음 기호	알파벳 제대로 읽기 TIP
씨-	si:	윗니와 아랫니 사이로 나는 [시]를 강하게 발음한다.

대 문 자

C C C C C C

소 문 자

c c c c c c

C로 시작하는 단어	Car 자동차	City 도시	Class 수업

Car Car

City City

Class Class

D ⋯ 대문자 · 소문자 · 시작하는 단어를 블록체로 써보세요.

알파벳 소리	발음 기호	알파벳 제대로 읽기 TIP
디-	di:	윗니 뒤에 혀끝을 살짝 대었다가 떼면서 소리낸다.

대 문 자

D D D D D D

소 문 자

d d d d d d

D로 시작하는 단어	Day 하루	Dog 개	Desk 책상

Day Day

Dog Dog

Desk Desk

E ··· 대문자 · 소문자 · 시작하는 단어를 블록체로 써보세요.

알파벳 소리	발음 기호	알파벳 제대로 읽기 TIP
이-	i:	입술을 옆으로 최대한 벌리고 혀의 위치를 한글 발음의 [이]보다 높게 두고 발음한다.

대 문 자

E E E E E

소 문 자

e e e e e

| E로 시작하는 단어 | Ear 귀 | Egg 계란 | Eagle 독수리 |

Ear Ear

Egg Egg

Eagle Eagle

F ··· 대문자 · 소문자 · 시작하는 단어를 블록체로 써보세요.

알파벳 소리	발음 기호	알파벳 제대로 읽기 TIP
에프	ef	입술을 옆으로 최대한 벌려 [에], 윗니로 아랫 입술을 물었다 떼면서 [프]를 발음한다.

대 문 자

F F F F F

소 문 자

f f f f f

F로 시작하는 단어	Fox 여우	Face 얼굴	Frog 개구리

Fox Fox

Face Face

Frog Frog

G ··· 대문자 · 소문자 · 시작하는 단어를 블록체로 써보세요.

알파벳 소리	발음 기호	알파벳 제대로 읽기 TIP
쥐-	dʒiː	입천장에 혓바닥을 가까이 하고 입술을 모아 앞으로 내민 상태에서 발음한다.

대 문 자

G   G G G G G

소 문 자

g   g g g g g

| G로 시작하는 단어 | Girl 소녀 | Golf 골프 | Glove 장갑 |

Girl Girl

Golf Golf

Glove Glove

H ··· 대문자 · 소문자 · 시작하는 단어를 블록체로 써보세요.

알파벳 소리	발음 기호	알파벳 제대로 읽기 TIP
에이취	eɪtʃ	[에]는 강하게 [이취]는 약하게 한꺼번에 발음한다.

대 문 자

H H H H H

소 문 자

h h h h h

H로 시작하는 단어	Hat 모자	Hair 머리카락	Heart 심장

Hat Hat

Hair Hair

Heart Heart

I ⋯ 대문자 · 소문자 · 시작하는 단어를 블록체로 써보세요.

알파벳 소리	발음 기호	알파벳 제대로 읽기 TIP
아이	aɪ	[아]는 강하게 [이]는 약하게 연이어 발음한다.

대　문　자

소　문　자

I로 시작하는 단어	Ice 얼음	Idea 생각	Issue 주제

Ice Ice

Idea Idea

Issue Issue

J ··· 대문자 · 소문자 · 시작하는 단어를 블록체로 써보세요.

알파벳 소리	발음 기호	알파벳 제대로 읽기 TIP
줴이	dʒeɪ	입술을 모아 앞으로 내민 상태에서 [제]는 강하게 [이]는 약하게 연이어 발음한다.

대 문 자

J

소 문 자

j

| J로 시작하는 단어 | Jar 항아리 | Job 일 | Juice 주스 |

Jar Jar

Job Job

Juice Juice

K ··· 대문자 · 소문자 · 시작하는 단어를 블록체로 써보세요.

알파벳 소리	발음 기호	알파벳 제대로 읽기 TIP
케이	keɪ	아랫입술의 좌우를 아래쪽으로 끌어내려 [케]는 강하게 [이]는 약하게 발음한다.

대　문　자

K K K K K

소　문　자

k k k k k

K로 시작하는 단어	Key 열쇠	Knot 매듭	King 왕

Key Key

Knot Knot

King King

L ··· 대문자 · 소문자 · 시작하는 단어를 블록체로 써보세요.

알파벳 소리	발음 기호	알파벳 제대로 읽기 TIP
엘	el	혀끝을 윗니 뒤에 붙여 발음한다.

대 문 자

① L L L L L

소 문 자

①

| L로 시작하는 단어 | Line 선 | Light 빛 | Love 사랑 |

Line Line

Light Light

Love Love

M ··· 대문자 · 소문자 · 시작하는 단어를 블록체로 써보세요.

알파벳 소리	발음 기호	알파벳 제대로 읽기 TIP
엠	em	입술을 최대한 옆으로 벌린 상태에서 [에]를 강하게 [ㅁ]은 입을 다물며 콧소리를 낸다.

대 문 자

M M M M M

소 문 자

m m m m m

M로 시작하는 단어	Man 남자	Mind 마음	Mouth 입

Man Man

Mind Mind

Mouth Mouth

N ··· 대문자 · 소문자 · 시작하는 단어를 블록체로 써보세요.

알파벳 소리	발음 기호	알파벳 제대로 읽기 TIP
엔	en	입술을 최대한 옆으로 벌린 상태로 혀끝을 윗니 안쪽에 대며 강하게 [ㄴ] 소리를 낸다.

대　문　자

N N N N

소　문　자

n n n n n

N로 시작하는 단어	Neck 목	Name 이름	Nurse 간호사

Neck Neck

Name Name

Nurse Nurse

O ⋯ 대문자 · 소문자 · 시작하는 단어를 블록체로 써보세요.

알파벳 소리	발음 기호	알파벳 제대로 읽기 TIP
오우	oʊ	입술을 둥글게 하여 [오]를 강하게 입술을 앞으로 내밀며 [우] 소리낸다.

대 문 자

소 문 자

O로 시작하는 단어	Oil 석유	Orange 오렌지	Office 사무실

Oil Oil

Orange Orange

Office Office

P ··· 대문자 · 소문자 · 시작하는 단어를 블록체로 써보세요.

알파벳 소리	발음 기호	알파벳 제대로 읽기 TIP
피-	pi:	위 아래 입술을 붙였다가 떼면서 [피] 소리가 입술 밖으로 퍼지 듯 발음한다.

대　문　자

P　P P P P P

소　문　자

p　p p p p p

P로 시작하는 단어	Play 놀이	Place 장소	Point 요점

Play Play

Place Place

Point Point

Q ··· 대문자 · 소문자 · 시작하는 단어를 블록체로 써보세요.

알파벳 소리	발음 기호	알파벳 제대로 읽기 TIP
큐-	kju:	입술을 둥글게 하여 강하게 시작했다가 점점 약한 소리가 나도록 발음한다.

대　문　자

Q Q Q Q Q

소　문　자

q q q q q

Q로 시작하는 단어	Queen 여왕	Quiz 퀴즈	Quest 탐색

Queen Queen

Quiz Quiz

Quest Quest

R ⋯ 대문자 · 소문자 · 시작하는 단어를 블록체로 써보세요.

알파벳 소리	발음 기호	알파벳 제대로 읽기 TIP
아-ㄹ	ɑ:(r)	혀를 말아 입안 중간에 띄우고 발음한다.

대 문 자

R R R R R

소 문 자

r r r r r

R로 시작하는 단어	Race 경주	Red 빨강	Room 방

Race Race

Red Red

Room Room

S ··· 대문자 · 소문자 · 시작하는 단어를 블록체로 써보세요.

알파벳 소리	발음 기호	알파벳 제대로 읽기 TIP
에스	es	[에]는 강하게 [스]는 약하게 발음한다.

대　문　자

S　S　S　S　S　S

소　문　자

S　S　S　S　S

S로 시작하는 단어	Step 걸음	Sound 소리	Square 정사각형

Step　Step

Sound　Sound

Square　Square

T ··· 대문자 · 소문자 · 시작하는 단어를 블록체로 써보세요.

알파벳 소리	발음 기호	알파벳 제대로 읽기 TIP
티-	ti:	혀끝을 윗니 끝에 대고 있다가 떼며 짧게 내뱉듯이 소리낸다.

대 문 자

T T T T T

소 문 자

t t t t t

T로 시작하는 단어	Time 시간	Train 기차	Tea 차

Time Time

Train Train

Tea Tea

U … 대문자 · 소문자 · 시작하는 단어를 블록체로 써보세요.

알파벳 소리	발음 기호	알파벳 제대로 읽기 TIP
유-	ju:	입술을 모아 앞으로 내민 상태에서 [이]와 [우]를 동시에 내뱉는다.

대　문　자

U U U U U U

소　문　자

U U U U U U

U로 시작하는 단어	User 사용자	Uncle 삼촌	Umbrella 우산

User User

Uncle Uncle

Umbrella Umbrella

V ··· 대문자 · 소문자 · 시작하는 단어를 블록체로 써보세요.

알파벳 소리	발음 기호	알파벳 제대로 읽기 TIP
븨-	vi:	윗니를 아랫 입술에 대고 밖으로 밀며 발음한다.

대 문 자

V V V V V

소 문 자

v v v v v

V로 시작하는 단어	Vocie 목소리	Vegetable 채소	Victory 승리

Vocie Vocie

Vegetable Vegetable

Victory Victory

W ··· 대문자 · 소문자 · 시작하는 단어를 블록체로 써보세요.

알파벳 소리	발음 기호	알파벳 제대로 읽기 TIP
더블유-	dʌblju:	[더]는 강하게 [블유-]는 약하게 연이어 발음한다.

대 문 자

W W W W W

소 문 자

W W W W W

W로 시작하는 단어	Wave 파도	Water 물	White 흰색

Wave Wave

Water Water

White White

X ⋯ 대문자 · 소문자 · 시작하는 단어를 블록체로 써보세요.

알파벳 소리	발음 기호	알파벳 제대로 읽기 TIP
엑스	eks	[엑]은 강하게 [스]는 약하게 연이어 발음한다.

대 문 자

①X②

X X X X X

소 문 자

①x②

x x x x x

X로 시작하는 단어

X-ray 엑스레이

X-ray X-ray

Y ··· 대문자 · 소문자 · 시작하는 단어를 블록체로 써보세요.

알파벳 소리	발음 기호	알파벳 제대로 읽기 TIP
와이	waɪ	위 아래 입술을 오므렸다가 벌리며 [와]는 강하게 [이]는 약하게 발음한다.

대 문 자

Y Y Y Y Y

소 문 자

y y y y y

| Y로 시작하는 단어 | Yard 마당 | Youth 젊음 | Yellow 노란색 |

Yard Yard

Youth Youth

Yellow Yellow

Z ⋯ 대문자 · 소문자 · 시작하는 단어를 블록체로 써보세요.

알파벳 소리	발음 기호	알파벳 제대로 읽기 TIP
즤-	zi:	입술을 옆으로 최대한 벌리고 혀끝은 천장에 붙이면서 발음한다.

대 문 자

Z

소 문 자

z

Z로 시작하는 단어	Zoo 동물원	Zone 구역	Zero 0/영

Zoo Zoo

Zone Zone

Zero Zero

대문자 블록체 이어쓰기

A B C D E F G H I J K L M

NOPQRSTUVWXYZ

소문자 블록체 이어쓰기

a b c d e f g h i j k l m

n o p q r s t u v w x y z

A ··· 대문자 · 소문자 · 시작하는 단어를 필기체로 써보세요.

알파벳 소리	발음 기호	필기체 제대로 쓰기 TIP	대·소문자의 형태가 같다.
에이	ei		대문자는 보조선의 위 두 칸, 소문자는 가운데 한 칸에 차게 쓴다.

대 문 자

소 문 자

A로 시작하는 단어	*Art* 예술	*Ape* 원숭이	*Actor* 배우

Art Art Art

Ape Ape Ape

Actor Actor Actor

B ··· 대문자 · 소문자 · 시작하는 단어를 필기체로 써보세요.

알파벳 소리	발음 기호	필기체 제대로 쓰기 TIP	대문자는 ④를 쓸 때 ③보다 조금 더 크게 쓴다. 소문자는 ②를 쓸 때 너무 휘지 않도록 주의한다.
비-	bi:		

대　문　자

$\mathcal{B}$ $\mathcal{B}$ $\mathcal{B}$ $\mathcal{B}$ $\mathcal{B}$ $\mathcal{B}$

소　문　자

b b b b b b

B로 시작하는 단어	$\mathcal{Bag}$ 가방	$\mathcal{Baby}$ 아기	$\mathcal{Ball}$ 공

Bag Bag Bag

Baby Baby Baby

Ball Ball Ball

C ··· 대문자 · 소문자 · 시작하는 단어를 필기체로 써보세요.

알파벳 소리	발음 기호	필기체 제대로 쓰기 TIP	대·소문자의 형태가 같다.
씨-	si:		대문자는 보조선의 위 두 칸, 소문자는 가운데 한 칸에 차게 쓴다.

대 문 자

C C C C C

소 문 자

c c c c c

C로 시작하는 단어	*Cat* 고양이	*Cow* 소	*Cloud* 구름

Cat Cat Cat

Cow Cow Cow

Cloud Cloud Cloud

D … 대문자 · 소문자 · 시작하는 단어를 필기체로 써보세요.

알파벳 소리	발음 기호	필기체 제대로 쓰기 TIP	대문자는 ②를 쓸 때 너무 크지 않도록 주의한다.
디-	di:		소문자는 a와 같이 쓰기 시작하나 ②에서 약간 더 올려쓴다.

대　문　자

소　문　자

D로 시작하는 단어	*Dice* 주사위	*Doll* 인형	*Doctor* 의사

E ··· 대문자 · 소문자 · 시작하는 단어를 필기체로 써보세요.

알파벳 소리	발음 기호	필기체 제대로 쓰기 TIP	대문자는 위보다 아랫 부분의 곡선을 좀더 크게 쓴다.
이-	i:		소문자는 ①의 고리 모양이 바로 서지 않도록 주의한다.

대 문 자

$\mathscr{E}$ ① ②

$\mathscr{E}$ $\mathscr{E}$ $\mathscr{E}$ $\mathscr{E}$ $\mathscr{E}$

소 문 자

e ① ②

e e e e e

E로 시작하는 단어	*Eye* 눈	*East* 동쪽	*Earth* 지구

Eye Eye Eye

East East East

Earth Earth Earth

F ··· 대문자 · 소문자 · 시작하는 단어를 필기체로 써보세요.

알파벳 소리	발음 기호	필기체 제대로 쓰기 TIP	대문자는 ①의 가로선이 지나치게 길어지지 않도록 주의한다. 소문자는 ②를 밑줄까지 닿게 내려 쓴다.
에프	ef		

대 문 자

소 문 자

F로 시작하는 단어 | *Fruit* 과일 | *Family* 가족 | *Friend* 친구

G ··· 대문자 · 소문자 · 시작하는 단어를 필기체로 써보세요.

알파벳 소리	발음 기호	필기체 제대로 쓰기 TIP	대문자는 ②의 고리가 너무 커지지 않도록 주의한다.
쥐-	dʒi:		소문자는 a처럼 쓰다가 ②를 직선으로 밑줄에 닿게 쓴다.

대 문 자

대문자 필기체 연습

소 문 자

소문자 필기체 연습

G로 시작하는 단어	*Glove* 장갑	*Glass* 유리잔	*Grape* 포도

Glove Glove Glove

Glass Glass Glass

Grape Grape Grape

H ··· 대문자 · 소문자 · 시작하는 단어를 필기체로 써보세요.

알파벳 소리	발음 기호	필기체 제대로 쓰기 TIP	대문자는 ①과 ③은 바깥쪽으로 쏠리게 쓴다.
에이취	eɪtʃ		소문자는 ②와 ③ 사이의 공간이 너무 넓지 않도록 주의한다.

대 문 자

소 문 자

H로 시작하는 단어	*Home* 집	*Honey* 꿀	*Horse* 말

I ··· 대문자 · 소문자 · 시작하는 단어를 필기체로 써보세요.

알파벳 소리	발음 기호	필기체 제대로 쓰기 TIP	대문자는 ①를 가장 윗칸까지 닿게 쓴다. 소문자는 ③을 윗 칸 중간에 찍는다.
아이	aɪ		

대 문 자

소 문 자

I로 시작하는 단어	*Ink* 잉크	*Iron* 철	*Item* 항목

Ink Ink Ink

Iron Iron Iron

Item Item Item

J ··· 대문자 · 소문자 · 시작하는 단어를 필기체로 써보세요.

알파벳 소리	발음 기호	필기체 제대로 쓰기 TIP	대문자는 ①과 ③이 아래 첫번째 칸 윗 선에 닿도록 쓴다. 소문자는 ①은 i처럼 ③은 g처럼 쓴다.
줴이	dʒeɪ		

대 문 자

소 문 자

J로 시작하는 단어	𝒥am 잼	𝒥oke 농담	𝒥udge 판사

K ··· 대문자 · 소문자 · 시작하는 단어를 필기체로 써보세요.

알파벳 소리	발음 기호	필기체 제대로 쓰기 TIP	대문자는 ②와 ④ 사이가 너무 넓지 않도록 주의한다. 소문자는 h처럼 쓰다가 ③을 꼬부려 ②와 닿도록 쓴다.
케이	keɪ		

대 문 자

K K K K K

소 문 자

k k k k k

K로 시작하는 단어	*Knee* 무릎	*Knife* 칼	*Korea* 한국

Knee Knee Knee

Knife Knife Knife

Korea Korea Korea

L ··· 대문자 · 소문자 · 시작하는 단어를 필기체로 써보세요.

알파벳 소리	발음 기호	필기체 제대로 쓰기 TIP	대문자는 ②가 너무 곧게 서지 않도록 주의한다. 소문자는 b처럼 쓰다가 가운데 칸의 중간에서 끝나도록 한다.
엘	el		

대 문 자

$\mathcal{L}$ $\mathcal{L}$ $\mathcal{L}$ $\mathcal{L}$ $\mathcal{L}$ $\mathcal{L}$

소 문 자

ℓ ℓ ℓ ℓ ℓ ℓ

L로 시작하는 단어	*Leg* 다리	*List* 목록	*Letter* 편지

Leg Leg Leg

List List List

Letter Letter Letter

M ⋯ 대문자 · 소문자 · 시작하는 단어를 필기체로 써보세요.

알파벳 소리	발음 기호	필기체 제대로 쓰기 TIP	대·소문자의 형태가 같으며 세로 간격이 일정할 수 있도록 쓴다. 대문자는 보조선의 위 두 칸, 소문자는 가운데 한 칸에 차게 쓴다.
엠	em		

대 문 자

소 문 자

M로 시작하는 단어	*Magic* 마술	*Milk* 우유	*Moon* 달

Magic Magic Magic

Milk Milk Milk

Moon Moon Moon

N ··· 대문자 · 소문자 · 시작하는 단어를 필기체로 써보세요.

알파벳 소리	발음 기호	필기체 제대로 쓰기 TIP	대·소문자의 형태가 같다.
엔	en		대문자는 보조선의 위 두 칸, 소문자는 가운데 한 칸에 차게 쓴다.

대　문　자

소　문　자

N로 시작하는 단어 　　　*Night* 밤　　　*Nose* 코　　　*North* 북쪽

O ··· 대문자 · 소문자 · 시작하는 단어를 필기체로 써보세요.

알파벳 소리	발음 기호	필기체 제대로 쓰기 TIP	대·소문자의 형태가 같으며 약간 기운 타원형으로 쓴다.
오우	oʊ		대문자는 보조선의 위 두 칸, 소문자는 가운데 한 칸에 차게 쓴다.

대　문　자

O O O O O O

소　문　자

O O O O O

O로 시작하는 단어	*Onion* 양파	*Ocean* 바다	*Actor* 주인

Onion Onion Onion

Ocean Ocean Ocean

Owner Owner Owner

P ··· 대문자 · 소문자 · 시작하는 단어를 필기체로 써보세요.

알파벳 소리	발음 기호	필기체 제대로 쓰기 TIP	대문자는 ①를 쓸 때 아래에서 첫째 칸까지 내려오지 않도록 주의한다.
피-	pi:		소문자는 ②를 쓸 때 가장 밑줄까지 내려오도록 쓴다.

대　문　자

소　문　자

| P로 시작하는 단어 | *Post* 우편 | *Plate* 접시 | *Power* 힘 |

Post Post Post

Plate Plate Plate

Power Power Power

Q ··· 대문자 · 소문자 · 시작하는 단어를 필기체로 써보세요.

알파벳 소리	발음 기호	필기체 제대로 쓰기 TIP	대문자는 머리가 큰 숫자 2처럼 쓴다.
큐-	kju:		소문자는 g처럼 쓰다가 오른쪽으로 꼬부린다.

대 　 문 　 자

소 　 문 　 자

Q로 시작하는 단어	*Quick* 빠른	*Quit* 그만두다	*Quill* 깃

Quick　Quick　Quick

Quit　Quit　Quit

Quill　Quill　Quill

R ··· 대문자 · 소문자 · 시작하는 단어를 필기체로 써보세요.

알파벳 소리	발음 기호	필기체 제대로 쓰기 TIP	대문자는 처음은 P와 같이, 마지막은 K와 같이 쓴다. 소문자는 ①에서 ②를 쓸 때 살짝 꼬아 쓴다.
아-ㄹ	ɑː(r)		

대　문　자

소　문　자

R로 시작하는 단어	*Roof* 지붕	*Rain* 비	*Road* 도로

S ··· 대문자 · 소문자 · 시작하는 단어를 필기체로 써보세요.

알파벳 소리	발음 기호	필기체 제대로 쓰기 TIP	대문자는 위를 아랫부분 보다 작게 쓰되 ①과 ②를 교차되게 한다.
에스	es		소문자는 r처럼 ①에서 ②를 쓸 때 살짝 꼬아 쓴다.

대　문　자

소　문　자

S로 시작하는 단어	*Speed* 속도	*Study* 공부	*Swim* 수영

T ⋯ 대문자 · 소문자 · 시작하는 단어를 필기체로 써보세요.

알파벳 소리	발음 기호	필기체 제대로 쓰기 TIP	대문자는 ①의 가로선이 너무 길지 않도록 주의한다. 소문자는 ③을 둘째 칸 윗 선에 맞추어 긋는다.
티-	ti:		

대　문　자

$\mathcal{T}$　　$\mathcal{T}$　$\mathcal{T}$　$\mathcal{T}$　$\mathcal{T}$

소　문　자

t　t　t　t　t

T로 시작하는 단어	*Test* 시험	*Trip* 여행	*Table* 식탁

Test *Test* *Test*

Trip *Trip* *Trip*

Table *Table* *Table*

U ⋯ 대문자 · 소문자 · 시작하는 단어를 필기체로 써보세요.

알파벳 소리	발음 기호	필기체 제대로 쓰기 TIP	대문자는 N을 거꾸로 쓴 것처럼 쓴다.
유-	ju:		소문자는 점을 찍지 않은 i 두개를 겹쳐 쓰듯이 한다.

대 문 자

소 문 자

U로 시작하는 단어	*Under* 아래에	*Union* 조합	*Universe* 우주

V ··· 대문자 · 소문자 · 시작하는 단어를 필기체로 써보세요.

알파벳 소리	발음 기호	필기체 제대로 쓰기 TIP	대문자는 U처럼 쓰되 꼬리를 남기지 않는다. 소문자는 둘째 칸에만 쓴다.
븨-	vi:		

대 문 자

소 문 자

V로 시작하는 단어	*Violet* 보라색	*Violin* 바이올린	*Village* 마을

W ··· 대문자 · 소문자 · 시작하는 단어를 필기체로 써보세요.

알파벳 소리	발음 기호	필기체 제대로 쓰기 TIP	대·소문자의 형태가 같다. U와 V를 잇댄 것처럼 쓴다.
더블유-	dʌblju:		

대 문 자

W W W W W

소 문 자

w w w w w

W로 시작하는 단어	*West* 서쪽	*World* 세계	*Wolf* 늑대

West West West

World World World

Wolf Wolf Wolf

X ··· 대문자 · 소문자 · 시작하는 단어를 필기체로 써보세요.

알파벳 소리	발음 기호	필기체 제대로 쓰기 TIP	대·소문자의 형태가 같다. ①은 곡선으로 쓰고 ②는 직선으로 쓴다.
엑스	eks		

대 문 자

소 문 자

X로 시작하는 단어

Xylophone 실로폰

Y ··· 대문자 · 소문자 · 시작하는 단어를 필기체로 써보세요.

알파벳 소리	발음 기호	필기체 제대로 쓰기 TIP	
와이	waɪ		대문자는 처음은 U와 같이 쓰고 ③과 ④는 첫째 칸 윗 선에서 만나게 쓴다. 소문자는 처음은 v와 같이, 마지막은 j와 같이 쓴다.

대 문 자

소 문 자

Y로 시작하는 단어	*Yoga* 요가	*Yesterday* 어제	*Year* 해/년/연

Yoga Yoga Yoga

Yesterday Yesterday Yesterday

Year Year Year

Z ··· 대문자 · 소문자 · 시작하는 단어를 필기체로 써보세요.

알파벳 소리	발음 기호	필기체 제대로 쓰기 TIP	대문자는 머리가 큰 숫자 3처럼 쓴다.
지-	zi:		소문자는 대문자와 쓰는 요령은 같으나 ①이 둘째 칸에 위치하도록 쓴다.

대 문 자

소 문 자

Z로 시작하는 단어	*Zebra* 얼룩말	*Zip* 지퍼	*ZigZag* 지그재그

$\mathcal{A}\ \mathcal{B}\ \mathcal{C}\ \mathcal{D}\ \mathcal{E}\ \mathcal{F}\ \mathcal{G}\ \mathcal{H}\ \mathcal{I}\ \mathcal{J}\ \mathcal{K}\ \mathcal{L}\ \mathcal{M}$

O P Q R S T U V W X Y Z

a b c d e f g h i j k l m

o p q r s t u v w x y z

숫자 쓰기 ··· 1부터 10까지 단어를 블록체와 필기체로 써보세요.

One	Two	Three	Four	Five
1	2	3	4	5
원 [wʌn]	투 [tuː]	뜨뤼 [θriː]	포 [fɔː(r)]	퐈이브 [faɪv]

Number

Six	Seven	Eight	Nine	Ten
6	**7**	**8**	**9**	**10**
씩스 [sɪks]	쎄븐 [ˈsevn]	에잇 [eɪt]	나인 [naɪn]	텐 [ten]

달(월) 쓰기 ··· 1월부터 12월까지 단어를 블록체와 필기체로 써보세요.

January	February	March
1월	**2월**	**3월**
재뉴워리 [dʒænjueri]	페브워리 [februeri]	마알취 [mɑːrtʃ]

Month

April	May	June
4월	**5월**	**6월**
에이프럴 [eɪprəl]	메이 [meɪ]	주운 [dʒuːn]

달(월) 쓰기 ⋯ 1~12월까지 단어를 블록체와 필기체로 써보세요.

July	August	September
7월	**8월**	**9월**
줄라이 [dʒuˈlaɪ]	오-거스트 [ˈɔːgəst]	셉템벌 [sepˈtembə(r)]

Month

October	November	December
10월	**11월**	**12월**
악토(우)벌 [ɑːkˈtoobə(r)]	노(우)벰벌 [nooˈvembə(r)]	디셈벌 [dɪˈsembə(r)]

요일 및 시간별 하루 쓰기 ··· 월~일요일과 시간별 하루의 단어를 블록체와 필기체로 써보세요.

Monday	Tuesday	Wednesday
월요일	**화요일**	**수요일**
먼데이 [ˈmʌndeɪ]	어-거스트 [ˈɔːɡəst]	셉템벌 [sepˈtembə(r)]

Monday

Tuesday

Wednesday

July

August

Wednesday

Day

Thursday	Friday	Saturday
목요일	**금요일**	**토요일**
먼데이 [ˈmʌndeɪ]	어-거스트 [ˈɔːɡəst]	셉템벌 [sepˈtembə(r)]

Thursday

August

August

July

August

September

요일 및 시간별 하루 쓰기 ··· 월~일요일과 시간별 하루의 단어를 블록체와 필기체로 써보세요.

Sunday	Today	Morning
일요일	**오늘**	**오전**
먼데이 [ˈmʌndeɪ]	어-거스트 [ˈɔːgəst]	셉템벌 [sepˈtembə(r)]

Sunday

August

Morning

July

August

Wednesday

Time

Afternoon	Evening	Night
오후	**저녁**	**밤**
먼데이 [ˈmʌndeɪ]	어-거스트 [ˈɔːgəst]	셉템벌 [sepˈtembə(r)]

Tomorrow

August

Yesterday

July

August

September

계절 쓰기 ··· 4계절의 단어를 블록체와 필기체로 써보세요.

Spring	Summer	Autumn
봄	**여름**	**가을**
스프링 [sprɪŋ]	써멀 [ˈsʌmə(r)]	오-럼 [ɔːtəm]

Spring

Summer

Autumn

Spring

Summer

Autumn

Season

Winter	Season	Vacation
겨울	**계절**	**휴가**
윈털 [wɪntə(r)]	시-즌 [siːzn]	베이케이션 [veɪˈkeɪʃn]

생활 표현 문장 쓰기 … 상황에 따른 생활 표현 문장을 블록체와 필기체로 써보세요.

Thanks so much.	I am sorry.
감사합니다.	미안합니다.

Thanks so much.

I am sorry.

Thanks so much.

I am sorry.

Excuse me.

실례합니다.

Excuse me.

Excuse me.

That sounds great.

좋은 생각입니다.

That sounds great.

That sounds great.

소개 문장 쓰기 ··· 소개 관련 기본 문장을 블록체와 필기체로 써보세요.

Hi. I am ○○.	Nice to meet you.
안녕하세요. 저는 ○○입니다.	만나서 반가워요.

Hi. I am

Nice to meet you.

Hi. I am

Nice to meet you.

Where are you from?

어느 나라에서 왔나요?

Where are you from?

Where are you from?

I'm from Korea.

저는 한국에서 왔어요.

I'm from Korea.

I'm from Korea.

영어
알파벳
펜글씨
쓰기

초판발행일 | 2020년 5월 5일

지 은 이 | 펜글씨 쓰기 연구회
펴 낸 이 | 배수현
디 자 인 | 박수정
제　　작 | 송재호
홍　　보 | 배보배

펴 낸 곳 | 가나북스 www.gnbooks.co.kr
출 판 등 록 | 제393-2009-000012호
전　　화 | 031) 408-8811(代)
팩　　스 | 031) 501-8811

ISBN 979-11-6446-021-2(03740)

※ 가격은 뒤표지에 있습니다.
※ 잘못된 책은 구입하신 곳에서 교환해 드립니다.

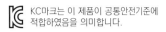
KC마크는 이 제품이 공통안전기준에 적합하였음을 의미합니다.

[세계 국기 퍼즐 · 세계 지도 퍼즐 정답]

[별첨 부록] 두 가지 퍼즐 중 한 가지 랜덤 발송　　　※ 완성된 퍼즐을 살펴보고 판 퍼즐을 맞추어보세요!

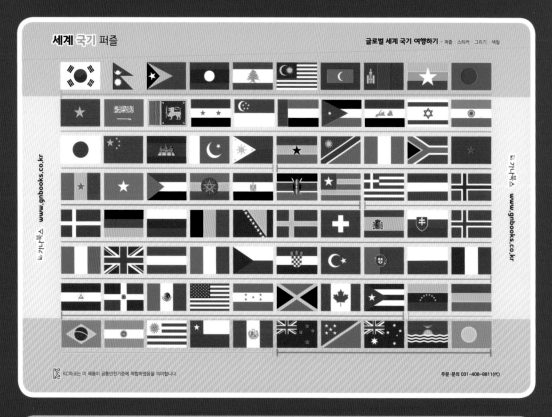

사자소학에 담긴 뜻 공부하기

四字
小學

사자
소학
펜글씨
쓰기

지은이 **펜글씨 쓰기 연구회**

ISBN 979-11-6446-022-9(03190)
가격 9,800원

9 791164 460229
03190

별첨 부록
세계 국기 퍼즐
세계 지도 퍼즐
두 가지 중 하나
랜덤 발송

가나북스